Género Ficción realista

¿? Pregunta esencial

¿En qué se parecen y en qué se diferencian las familias en todo el mundo?

La banda de música

Diego Kochmann
ilustrado por Sergio De Giorgi

LECTURA COMPLEMENTARIA

El sábado habrá una fiesta en la escuela. Ana va a cantar. Está muy contenta.

Juan es el abuelo de Ana.
Nació en México. Tocará
con Ana en la fiesta.

Cecilia es la prima de Ana. Ella toca el bajo.

—Tocaré en la banda —dice Cecilia—. ¡Qué divertido!

Zulema es la maestra.
Ella prepara la fiesta.
Los niños la ayudan.
Todos están muy felices.

Akiko nació en Japón. Va a la escuela con Ana. Ella toca la trompeta.

Su papá toca la batería.
Se oye a mucha distancia.
Hace retumbar las ventanas.

Hiro es el hermano de Akiko. Él toca música de su país. ¡El tambor suena muy bien!

Detective del lenguaje

La oración ¡El tambor suena muy bien!, ¿es imperativa o exclamativa? ¿Cómo lo sabes?

La familia de Carla estará en la banda. Su tía toca la guitarra. ¡Qué bueno!

La tía de Carla nació en un país lejano. Ese país se llama Portugal.

—Ella habla otro idioma —dice Carla.

La abuela de Carla toca la flauta. Y a Carla le gusta cantar. ¡Qué bien!

¡Llega el día! La fiesta es a orillas del lago. Es una bella tarde.

Detective del lenguaje	Las oraciones terminan con punto (.). ¿Puedes hallar otro signo de puntuación en esta página?

Todos ya están listos.
¡Comienzan a tocar!

A la gente le gusta la música. La voz de Ana es suave. Su voz es parecida a un murmullo. Todos aplauden contentos.

Le piden otra canción.
Y Ana canta, muy feliz.

Respuesta a la lectura

Resumir

Personaje	Ambiente	Sucesos

Usa los detalles como ayuda para resumir *La banda de música*.

Evidencia en el texto

1. ¿Cómo sabes que *La banda de música* es ficción realista? Género
2. ¿Quiénes son los personajes de la historia? Personaje, ambiente, sucesos
3. En la página 5, ¿qué palabra tiene la raíz *ayud-*? Raíces de palabras
4. Escribe sobre lo que le gusta hacer a Ana. Escribir sobre la lectura

Género Texto expositivo

Compara los textos
Lee acerca de los distintos instrumentos para tocar música.

Instrumentos del mundo

El sitar es un instrumento musical muy popular en la India. Es parte de su cultura. Tiene diecisiete cuerdas. El cuerpo tiene forma de pera.

John Henry Claude Wilson/robertharding/Getty Images

India

África

La mbira es una caja de madera. Tiene teclas de metal. Los músicos tocan las teclas.

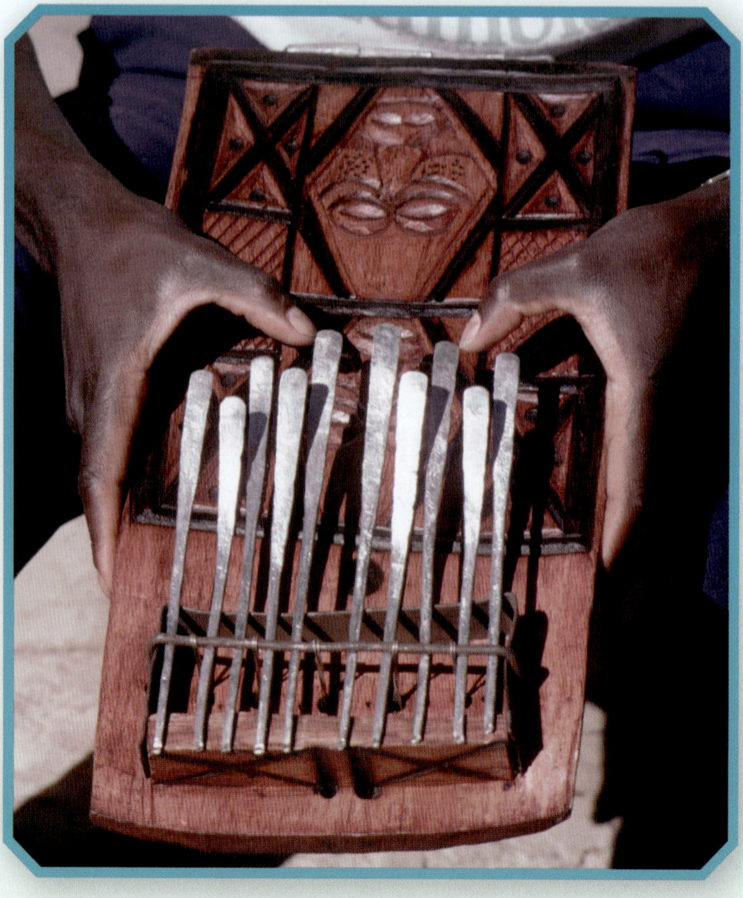

David Reed/Corbis Documentary/Getty Images

Australia

El didgeridoo es un tubo largo. Está hecho con una rama hueca.

¿? Haz conexiones

¿Cuáles son las diferentes maneras de tocar música en el mundo?
Pregunta esencial

¿En qué se parece el sitar a la guitarra? **El texto y otros textos**

Enfoque:

Estudios Sociales

Propósito Comparar los instrumentos musicales de diferentes países

Paso a paso

Paso 1 Elige dos instrumentos musicales sobre los que hayas leído.

Paso 2 Haz un dibujo de cada instrumento.

Paso 3 ¿En qué se parecen los instrumentos? ¿En qué se diferencian? Escribe un ejemplo de cada uno.